NOTICE

SUR

CASIMIR KARPFF.

(Extrait de la REVUE D'ALSACE.)

COLMAR,

IMPRIMERIE ET LITHOGRAPHIE DE CAMILLE DECKER.

1856.

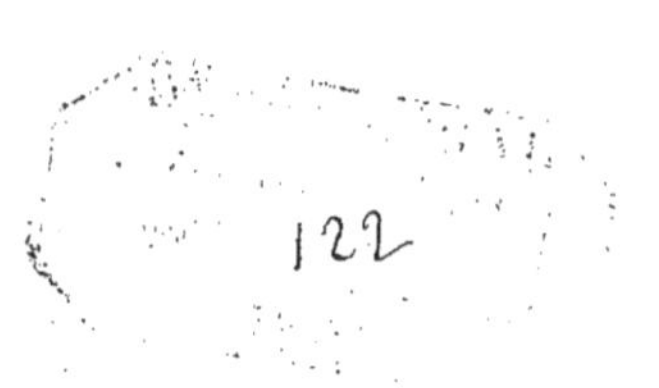

JEAN-JACQUES KARPFF,

DIT CASIMIR.

Chaque province a sa pléïade d'illustrations et de renommées. Les unes ont le privilége de se perpétuer dans le souvenir des générations à venir, la mémoire publique et l'histoire nationale s'en chargent; les autres, malgré les qualités qui les recommandent à la postérité, perdent par la disparition de leurs contemporains une partie des témoignages qui pouvaient les faire apprécier de leurs concitoyens, et bientôt, la tradition ne se soutient plus qu'en s'affaiblissant. — Sans doute la renommée d'un artiste de mérite dont les œuvres survivent, n'a pas à craindre l'oubli dans sa ville natale. Mais, si l'homme de talent a droit à quelque intérêt, si de nobles qualités méritent un souvenir plus prolongé que son passage en ce monde, on comprendra mon sentiment de juste sollicitude pour la mémoire d'un homme supérieur que j'ai eu le bonheur de connaître et d'aimer.

Jean-Jaques Karpff est né à Colmar, en février 1770. Son père était un honorable bourgeois de la ville, maître menuisier de son état [1]. Sa mère, dit-on, était une de ces femmes chez lesquelles un grand bon sens et une pénétrante intelligence, remplacent souvent avec avantage une culture d'éducation plus relevée. Les dispositions artistiques de leur fils se révélèrent dès sa plus tendre enfance; à l'âge de quatorze ans, en saisissant la ressemblance d'une physionomie par un trait légèrement ombré, il laissait déjà entrevoir sa vocation. A mesure que ses facultés se développèrent, son goût pour le dessin et la pein-

[1] Son portrait, dessiné en 1789 par son fils, est au musée de Colmar.

ture se prononcèrent d'une façon plus déterminée, et grâce à de généreux protecteurs, le jeune Karpff reçut une éducation favorable au développement de son génie naturel.

Les premiers éléments du dessin lui furent enseignés au gymnase protestant, par Joseph Hohr, qui ne manquait pas d'un certain talent quand on songe à l'état de l'art en province à cette époque. Quelques artistes de Paris, que des fabricants d'Alsace avaient fait participer à leurs travaux, habitaient alors Colmar; ils se firent un plaisir de contribuer par leurs conseils aux rapides progrès du jeune élève, qui les intéressait autant par la douceur de son caractère que par son ardent enthousiasme pour l'art. (1).

J. J. Karpff donnant de sérieuses espérances, vers 1790 on l'envoya dans la capitale où il fut admis à l'école de David. Lorsqu'il vint s'y installer, l'élégance de son petit attirail artistique paraissant trop précieux aux rapins de l'atelier, ils eurent l'attention de le mettre en harmonie avec l'ameublement de l'école. Mais le jeune Alsacien avait subi avec tant de bonne grâce cette fraternelle réception, que ses nouveaux condisciples changèrent en amicales sympathies l'épreuve à laquelle ils avaient soumis son amour-propre. — Ce n'était pas tout, il fallut encore qu'il fit le sacrifice de son nom de Karpff, d'une prononciation trop difficile pour le maître et ses élèves; on lui donna donc le surnom de *Casimir*, qu'il adopta lui-même, en signant: Casimir Karpff, ou simplement, Casimir.

En 1793, il avait formé le projet d'achever ses études à Rome. David, son maître, lui donna ce certificat de civisme la veille de la mort de Louis XVI (2).

« Citoyen Ministre,

« Je certifie que Jean-Jacques-Casimir Karpff est mon élève en « peinture, qu'il voyage en Italie pour étudier l'art qu'il a entrepris,

---

(1) Ce furent MM. *De Saint-Quentin*, peintre du roi, et B. Lebert, l'aîné.

Casimir Karpff n'en perdit jamais le souvenir. La dernière lettre qu'il m'écrivit de Versailles, le 28 septembre 1828, une année avant sa mort, se terminait par ces lignes :

« Rappelez-vous, qu'il existe dans la retraite un ami que vous viendrez voir, « qui ne peut ni vous oublier, ni perdre le souvenir des leçons que lui a donné « votre bon et respectable père. CASIMIR. »

(2) Le 17 janvier David avait voté la mort du roi.

« qu'il est bon et fervent citoyen attaché aux lois de son pays, qu'il « n'émigre pas, en foi de ce présent certificat je vous prie de vouloir « bien lui faire délivrer un passeport, pour qu'il trouve protection « partout où il passera.

« Le but de son voyage est d'aller à Rome pour se perfectionner « dans son art.

« J. L. DAVID, peintre et député à la Convention
« nationale.

« Ce 20 janvier 1793. L'an 2e de la République française. »

Ce voyage en Italie ne se réalisant point, le 5 mars 1793, Casimir s'adressa à son protecteur M. Knoll [1], pour obtenir de lui les moyens « de jouir de deux années de plus » des leçons du célèbre maître, qui apostilla la lettre par ces lignes :

« Je me joins aux sollicitations du jeune Casimir à qui la Révolution « a enlevé un appui dans M. de Narbonne. Si vous voulez bien en « servir je vous assure d'avance qu'indépendamment de la belle action

---

[1] M. Knoll, ancien directeur des loteries, fit partie de la municipalité au temps de la révolution. Au commencement de l'empire, il dût sa nomination (ou sa réintégration, car il en avait déjà rempli les fonctions auparavant) de conseiller de préfecture [*] à la reconnaissance de son protégé Casimir, qui malheureusement, ne put empêcher ni sa ruine, ni sa fin à l'hôpital de Colmar auquel il légua les débris de sa fortune pour y vivre en paix, comme pensionnaire. — M. Knoll animé d'un goût passionné pour les arts, avait consacré une partie de sa belle fortune à protéger de jeunes talents et à s'entourer d'artistes qu'il logeait et entretenait chez lui : de 1785 à 1818 environ, ce furent MM. de Saint-Quentin, Casimir Karpff et J. B. Boillot. — Il avait formé une galerie de tableaux de maîtres acquis à Paris pendant la révolution. Son tableau capital était une copie de *La belle Jardinière*, de Raphaël, selon toutes les apparences, contemporaine du grand maître et peut-être exécutée sous ses yeux, ainsi que le prétendent des connaisseurs. Ce tableau, aujourd'hui en possession de M. le docteur Faudel, est d'une précieuse conservation. On a pu remarquer au musée du Louvre, que l'original a dû subir une fâcheuse restauration ; le vêtement bleu de la vierge n'est plus qu'un badigeon sur l'œuvre du maître, tandis que le tableau de Colmar est intact.

[*] Cette nomination fut signée par l'empereur à Tilsitt, six jours après la bataille de Friedland (14 juin 1807) et annoncée à Casimir, *dessinateur de Sa Majesté l'Impératrice et Reine*, par un de ses amis du ministère de l'intérieur.

« que vous ferez, vous donnerez à la patrie un peintre qui lui fera « honneur un jour.

« DAVID, député à la Convention nationale pour le « département de Paris [1]. »

Electrisé par les œuvres de la nouvelle école de David, le jeune enthousiasme de Casimir trouva dans l'étude de l'antique et de la poésie mythologique ses plus gracieuses inspirations. Ces compositions au crayon ou au mélange de pastel, la plupart restées en projets, témoignent d'une vive exaltation inspirée par les tendances de l'école à cette époque : *La mort de Socrate ; Platon au milieu de ses disciples, sur le cap Sunium ; Endymion ; Bélisaire ; Hero et Léandre ; Daphnis et Cloë ; Sapho*, etc.... et les poésies d'Ossian, lui fournirent des sujets de prédilection qu'il reproduisit même à l'époque de la maturité de son talent, soit au crayon noir soit à l'encre de Chine sur ivoire.

Ce qui peut étonner de la part d'une imagination aussi vive, c'est le manque d'originalité. La plupart de ces compositions étaient des réminiscences de David ou de ses élèves, Girodet, Gros, Guérin..... et si dans l'exécution de ces dessins on remarque de regrettables défauts de proportion, on ne peut s'empêcher d'admirer le profond sentiment de l'étude dans les détails et la perfection du travail. On dirait, qu'entraîné par une naïve et confiante inspiration de l'idée, son âme exaltée par le sujet, ne permettait plus à son œil fasciné de juger les imperfections de l'artiste traducteur de sa pensée : on ne trouve que cette explication quand on a eu l'heureuse faveur d'entendre raisonner ce digne artiste qui savait donner de si excellents conseils et comprendre l'art avec tant d'élévation. — En 1822, il écrivait à un jeune dessinateur d'Alsace qui avait fait des études de fleurs, à l'huile :..... « Surtout attachez-vous au simple ; c'est la « naïveté qui est la mère du sublime. — Quand on a le concetti de son « art et qu'on est pénétré que la nature est notre plus grand maître, « que tout dépend de la bien voir, il vous est aisé de comprendre « qu'il existe un certain tour de grandiose et d'élévation dans l'art « de l'exécution qu'on n'acquiert en quelque sorte qu'en respirant « l'air de Paris. Là on est stimulé sans relâche par des objets de « comparaison. Il me semble qu'une fleur dans sa contexture peut

---

[1] Je possède ces autographes dans un album consacré au souvenir de Casimir Karpff.

« être élevée au beau idéal comme une figure de style de M. David ; « qu'il existe une sorte d'intelligence dans le clair-obscur qui donne « de la transparence aux couleurs les plus opaques, et que c'est par « la puissance des reflets qu'on introduit l'air dans la peinture. »

Casimir avait un goût délicat et l'esprit observateur. Tout dans la nature lui semblait digne d'étude et il se plaisait dans ses promenades solitaires, surtout aux environs de Colmar, à faire avec l'élégante souplesse de son crayon de charmantes études de plantes et de buissons qui devaient lui servir pour orner ses Idylles favorites. Il mettait dans ces dessins une grâce naturelle qui aurait pu distinguer un peintre de fleurs ; car il voyait le beau partout où la grâce du mouvement, l'élégance et l'harmonie des formes se dévoilaient à ses regards avides d'admiration.

Malgré la facilité avec laquelle il avait fait ses premières études au pinceau, il sentit qu'il n'était pas coloriste, et abandonna la peinture à l'huile en quittant l'atelier de David pour se vouer exclusivement au dessin ou à la peinture monochrôme. Mais dans ces derniers genres, il devenait peintre et coloriste à sa manière.

Ce qui distingua le talent de Casimir, ce fut un travail achevé, précieux sans sécheresse; quelque chose de doux et même de suave uni à une grande vigueur ; une touche spirituelle, brillante et si bien sentie qu'elle semblait improvisée. Consciencieux dans la recherche de la perfection, il préférait attendre l'inspiration plutôt que de faire une œuvre forcée ou incomplète ; il poussait même ce louable amour-propre d'artiste jusqu'à l'oubli de ses intérêts. Ceux qui ont connu Casimir le reconnaîtront ici ; mais tous ceux qui ont vu ses œuvres capitales, rendront un juste hommage à l'éminent portraitiste ; car c'est là le genre dans lequel il a excellé avec une distinction incomparable. Ses dessins à l'encre de Chine sur ivoire sont de petits chefs-d'œuvre. On ne peut mettre à la fois dans un travail aussi correct, une simplicité de touche plus franche, plus sobre, pour rendre l'esprit d'une physionomie. Ce genre qui lui était propre et qui a pu être diversement jugé, n'a été imité par personne [1]. — Le musée de Colmar, malheureusement, ne possède rien de notre éminent artiste qui puisse le faire apprécier à ce point de vue.

---

[1] Il est juste de dire : qu'il ne pouvait pas, qu'il ne devait pas faire école.

Ses travaux finis avec tant de soin, ne laissent guères entrevoir combien il y avait de sûreté d'exécution et de largeur de style dans ses études quand il faisait de premier jet, une tête d'après nature. L'estompe, qu'il maniait avec une dextérité remarquable, n'était plus dans sa main qu'un pinceau large, délié, à la disposition d'une conception rapide et profondément pénétrée du caractère du modèle.

Ses portraits à l'estompe, achevés au crayon noir, sont souvent poussés à une perfection qui rappelle la peinture flamande et qui semble aujourd'hui avoir devancé les merveilleux résultats de la photographie. — Comme il arrive sans doute à bien des artistes, la beauté ou la célébrité du modèle aidaient beaucoup à l'inspiration de Casimir. Quand il faisait le portrait d'une Psyché, comme il disait, il se sentait peintre grec, tant son imagination s'abandonnait à ses idéalités pour ce gracieux travail. Ce fut sans doute la vénération pour l'écrivain qui l'inspira, quand il fit le portrait du célèbre poète Pfeffel, dictant à son secrétaire Buxdorff [1]. — Le graveur habile, J. G. de Müller, qui devait reproduire ce magnifique dessin, n'osa pas l'entreprendre et s'excusa en disant : « J'entreprendrais volontiers ce « tableau que je considère comme un chef-d'œuvre, mais je ne me « sens pas de force d'y fixer l'âme que j'y aperçois » [2].

---

(1) Ce portrait doit être en possession de la famille Pfeffel-Bethmann, de Francfort.

(2) Le 1er octobre 1796, Jean-Gaspard Lavater, auquel on avait montré ce portrait, écrivit à Wieland pour le prier d'insérer la note suivante dans le *Mercure* :

« *Pfeffel, von Herrn Karpff nach der Natur, mit Crayon gezeichnet, scheint « mir ein Meisterstück der Kunst und des Kunstfleisses zu seyn. Kenntlich, cha- « rakteristisch; die Stellung eines diktirenden Blinden natürlich und nach der « Wahrheit gewœhlt. Ein liegendes Oval læszt nur in das Zimmer dieses uniquen « Mannes hinein sehen. Nichts ist vernachlæssigt; alles, wie das Hauptbild « selbst, und sein aufhorchender Sekretær nach der Natur gezeichnet. Der Mann « von Geschmack ist weder in der Hauptsache noch in den Nebendigen zu ver- « kennen. — Daneben ist nichts unbestimmt gelassen. Der Blinde ist so blind, « und so sehend* (so clairvoyant) *als Er in der Natur ist, dargestellt. Wenn die « Gravüre, wie nicht zu zweifeln, dem Originale ganz treu bleiben wird, so « dürfen sich alle Verehrer dieses verehrenswürdigen Mannes ein eben so œhnli- « ches Bild, als ein schœnes Kabinetstück, das wenig seines gleichen haben wird, « versprechen.* »

Pfeffel, le poète aveugle, s'en rapportant à l'admiration publique, adressa ces vers au jeune artiste dont la renommée honorait déjà sa ville natale :

« *ZEUXIS UND PARRHASIUS.*

« *Der Knabe lebst nicht, so sprach Parrhasius*
« *Zum Zeuxis ; wagten sonst die Vægel so die Trauben,*
« *Die er im Korbe trægt, zu rauben ?*
« *Er hatte recht, mein Freund, der schlaue Critikus.*
« *Hættst du das Kind gemahlt, so wære hingezogen*
« *Durch deines Genius geheime Zauberlist,*
« *Ein Amorettenschwarm herbei geflogen,*
« *Und hætte froh das Brüderchen geküst.* — (1805) (²).

Une école centrale ayant été fondée à Colmar, Casimir avait été rappelé de Paris pour y exercer l'enseignement du dessin. Il avait alors vingt-cinq ans. Le jeune professeur y organisa une école d'après la bosse avec les plâtres des plus belles statues antiques qui venaient

---

(²) Madame Victoire Babois a imité cet apologue :

LES RAISINS DE ZEUXIS.

« Oui, tes raisins sont vrais, » disait Parrhasius
« A l'immortel Zeuxis ; « ce doux fruit de Bacchus,
« Que porte un jeune enfant, trompe l'oiseau volage ;
« Mais au grain transparent, dont l'aspect l'a charmé,
« Jamais son bec n'eût fait outrage,
« Et l'enfant l'aurait alarmé,
« Si le feu de la vie était sur son visage. »
Mon ami, de Zeuxis je respecte le nom ;
Pourtant Parrhasius avait, je crois, raison.
Ah ! pour peindre l'aimable enfance,
Cet âge heureux des ris, sa touchante innocence,
Son joyeux et vif abandon,
Sa grâce, sa douceur, sa naïve tendresse,
Et le pouvoir de sa faiblesse,
Si Zeuxis eût trouvé ton magique pinceau,
Tous les Amours, ravis de cet Amour nouveau,
Auraient quitté Paphos, Idalie, et leur mère ;
Et chacun d'eux, volant sur le divin tableau,
Dans un transport folâtre eût embrassé son frère.

d'enrichir le musée du Louvre (1). — Casimir, connu pour un homme de goût, qui avait vu à Paris les décorations monumentales exécutées d'après les dessins de David, fut chargé par les autorités locales de l'ordonnance artistique et de la direction des fêtes républicaines dont le Directoire exécutif était alors prodigue. Le programme de ces réjouissances publiques, imitées des pompes de Rome et de la Grèce, offre un curieux mélange de champêtre simplicité, de patriotisme et d'enthousiasme lyrique.

En 1805, le préfet du Haut-Rhin, M. Félix Desportes, fit connaître à l'impératrice Joséphine le beau talent de Casimir. En voyant le portrait du général Rapp, elle en parut si satisfaite, qu'elle voulut avoir le sien par le même artiste et le fit appeler auprès d'elle lors de son séjour à Plombières, où elle lui donna quelques séances (2).

L'homme est moins qu'il ne pense maître de sa propre destinée.... Casimir, qui quitta Colmar en 1806 pour aller à Paris y achever le portrait de l'impératrice, ne revit plus sa ville natale.

Ce fut au château de Saint-Cloud que l'impératrice donnait ses séances à Casimir. L'empereur l'ayant rencontré plusieurs fois à l'œuvre, dit un jour à Joséphine : « Tu fais donc faire ton portrait « tous les jours ?..... » Puis la prenant par la main, il salua l'artiste en le laissant au plus beau de son travail. — Plus tard, l'impératrice lui dit : « M. Casimir, mais.... vous ne me demandez rien ?... » l'artiste croyant qu'il était question d'argent, non d'une position, lui répondit avec une délicatesse qui fut une erreur : « Madame, atten« dons que le tableau soit achevé. »

---

(1) Il logea chez son ancien protecteur, M. Knoll (*), où un atelier fut mis à la disposition de ses premiers élèves ; ce furent MM. Decker qui accompagna son maître à Paris ; devenu peintre distingué en miniature, il mourut en Autriche ; J. B. Boillot et Martin Rossbach, professeurs de dessin ; J. B. Lebert, dessinateur à Mulhouse.

(2) Le 7 fructidor an 13 (25 août 1805) M. Ch. de Larochefoucauld, écrivit de Plombières à M. Desportes, pour l'informer du gracieux accueil que l'impératrice avait fait à Casimir, et, ajouta-t-il : « *que son talent mérite.* »

Casimir fit pour l'impératrice, deux dessins d'après Raphaël.

(*) Aujourd'hui maison de M. Gustave Salzmann, peintre paysagiste.

Le portrait historique, en pied, de l'impératrice Joséphine en costume impérial (1), figura avec d'autres dessins de Casimir à l'exposition de 1809 à la suite de laquelle il reçut la médaille d'or. A ce sujet, David son ancien maître, lui écrivit : « Je vous le répète et je l'assu-« rerai à qui veut l'entendre, que l'on ne peut pousser plus loin l'art « du dessin. » (2)

Le portrait de Casimir, dessiné par lui-même pour son ami de jeunesse, M. Jacques Reiset, receveur général des finances à Rouen, fut lithographié après sa mort par son ami Mauzaisse, peintre d'histoire (3). — Ce portrait, très-ressemblant, montre une physionomie calme, fine et attentive, dans l'action de l'artiste observant son modèle; mais il ne peut rendre la mobilité expressive de ses traits qui traduisaient avec tant de vivacité la profonde sensibilité d'un cœur affectueux et d'une imagination enthousiaste. Par un heureux mélange, il joignait à cette chaleur d'âme qui empruntait volontiers son langage à la poésie, un caractère doux, simple et modeste, et sa bonté naturelle avait toujours un aimable sourire pour inspirer la sympathie. — « Les amis de son enfance furent ceux de sa vie entière; « et ce qui fait son éloge et le leur, ayant toujours vécu dans une « position très-modeste, il ne cessa de posséder l'attachement de « ceux de ses camarades que les honneurs et la fortune avaient placés « dans un rang élevé. » (4)

Avec de semblables qualités, Casimir devait trouver des amis. Il eût le rare bonheur d'en rencontrer de véritables.

---

(1) Ce portrait, auquel l'artiste avait consacré trop d'années de travail, était encore entre ses mains lors du divorce impérial et enfin, après la chute de l'empire et la mort de Joséphine. — Le général Rapp, ami de Casimir, en devint possesseur et le paya sept mille francs. Il doit aujourd'hui appartenir à sa fille, Madame Hopp.

Après 1814, Casimir avait encore chez lui la robe du sacre de l'impératrice, en mousseline parsemée d'abeilles d'or, et qui avait servi de modèle pour son dessin.

(2) Ces paroles ont été gravées sur le monument funèbre de Casimir.

(3) Cette lithographie se trouve dans la collection du musée de Colmar. Un second dessin original appartenait à Mme Babois.

(4) Paroles prononcées sur la tombe de Casimir, par M. Hoguer, parent de Mme Babois.

A l'époque déjà de ses premières études à l'école de David, il avait fait la connaissance d'une de ces bonnes familles parisiennes au sein desquelles se concentrent, par une éducation distinguée, toutes les jouissances de l'esprit et de l'intelligence. Il avait reçu l'accueil le plus bienveillant dans plusieurs maisons opulentes de la capitale; mais pendant les orages de la Révolution, ce fut auprès de la famille Babois qu'il trouva non seulement le plus d'intimité, mais encore une seconde famille.

Si la reconnaissance n'avait pas été dans le cœur de Casimir une vertu naturelle, de semblables liaisons devaient la faire naître. Elle fut l'origine d'une amitié à laquelle il consacra la dernière période de sa vie; amitié, dont le culte presque idéal, semblait vouloir réaliser en ce monde le rêve des plus poétiques aspirations de l'affection.

En revenant à Paris pour y achever le portrait de l'impératrice Joséphine, il ne retrouva de cette intéressante famille qu'un fils qui était à la tête d'un établissement industriel de Rouen, et sa sœur maladive, Mme *Victoire Babois*, qui vivait retirée à Versailles, sa ville natale (1).

A l'âge de trente-deux ans, Mme V. Babois avait perdu sa fille, son enfant unique. La douleur maternelle cherchant des consolations dans l'expression même de ses regrets, lui révéla le don de la poésie. — « Au moment, dit-elle, où l'on éprouve les angoisses que j'ai essayé de peindre, on n'est capable que de les souffrir. » — Ce fut pour elle seule, ou tout au plus pour sa famille, qu'elle composa ses élégies. — « Je venais de trouver une autre langue, d'autres accents, d'autres « larmes pour pleurer ma fille; je ne vis que cela, et, sans projet, « sans idée d'avenir, je me livrai à ce charme nouveau avec toute « l'affection que je portais à mes souvenirs. Mon âme se replongea « tout entière dans cette première année de douleur et d'angoisse « dont mes élégies sont la peinture, sinon entière, du moins fidèle; « je ne sais par quelle douceur l'harmonie du langage émoussait le « retour de ces cruelles impressions: je pleurais, j'écrivais et j'étais « soulagée. La douleur occupait mon âme; mais elle ne la déchirait « plus, elle ne la possédait plus tout entière et toujours. »

Une alliance de famille ayant mis le poète Ducis en relation avec Mme Babois, il eut connaissance des *Elégies maternelles*, écrites dans

(1) Elle naquit à Versailles en octobre 1760 et mourut à Paris le 8 mars 1839.

l'obscurité d'une vie modeste et retirée. Il les fit connaître dans le monde littéraire de l'époque, et leur publicité éveilla un concert d'éloges qui placèrent leur auteur dans ce panthéon des femmes célèbres que Ducis, non sans quelque orgueil, appelait *ses nièces.* — Un jour il écrivit à sa nièce favorite : « Vous ne mourrez pas tout entière ; « vous serez la Sapho des mères. » — Et la flatterie aussi, la salua du nom de dixième muse.

Qu'on me permette de transcrire ici sa quatrième élégie. (1792).

« Où vais-je ? où suis-je ? hélas ! ô douleur, ô tourment !
Ne puis-je sans souffrir respirer un moment ?
Je sens gémir mon cœur, un poids affreux l'oppresse ;
O ma fille ! il te cherche, il t'appelle sans cesse.
Mes yeux furent, hélas ! témoins de ton trépas ;
Je sais que tu n'es plus, et je ne le crois pas.
En pleurant sur ta tombe, au Dieu qu'en vain j'implore
Ce cœur infortuné te redemande encore ;
Il s'attache égaré, frémissant, incertain,
Sur des restes muets qu'il repousse soudain,
Et, toujours renaissant dans mon âme éperdue,
Ce douloureux transport me ranime et me tue.
Du désespoir enfin la déchirante horreur
Suit ce doute insensé que dément ma douleur.
Je succombe ; mes yeux se couvrent d'un nuage ;
Je sens fuir ma pensée et même ton image ;
Ma voix ne gémit plus, mes yeux n'ont plus de pleurs ;
Avec le sentiment j'ai perdu mes douleurs.
Au sommeil malgré moi je cède anéantie ;
Pour prolonger mes maux il répare ma vie ;
D'un ravissant prestige animant ses pavots,
Dans un songe plus doux que le plus doux repos,
Il surprend mes esprits et mon âme éperdue :
Le sort est désarmé, ma fille m'est rendue !
Mon cœur même est trompé, c'est elle, je la vois !
Et lorsque tous mes sens s'élancent à la fois,
Quand je crois la saisir..... hélas ! à chaque aurore,
Ma fille dans mes bras revient mourir encore.
La nuit, sourde à mes cris, emporte un songe vain,
Et replonge, en fuyant, le poignard dans mon sein.

Dieu, qui vois mes tourments, hélas ! dès mon jeune âge,
J'aimai la vérité pour t'aimer davantage ;

A l'amour maternel qui fit tout mon bonheur,
L'amour de la vertu s'unissait dans mon cœur ;
Ce cœur trop malheureux t'offrit un pur hommage.
Termine enfin ses maux et brise ton ouvrage :
Pour aimer et souffrir s'il sortit de tes mains,
Ah ! qu'il a bien rempli ses malheureux destins ! »

Voilà l'amie que le ciel réservait à Casimir, au moment où son âme impressionnable, ouverte à tous les sentiments généreux mais trop fière pour lutter contre des déceptions, était tombée dans une profonde mélancolie. Sa santé altérée et son avenir d'artiste avaient besoin d'un repos moral qui leur manquait. Mme Babois, déjà sur le retour de l'âge, offrit à Casimir, comme l'avaient fait dans le temps ses parents, un lieu de retraite où la plus délicate amitié se fit un devoir de joindre à l'harmonie des sentiments, le partage de sa modeste aisance dans la solitude de Versailles ([1]).

A partir de ce moment Casimir cultiva son art, à peu près en amateur, et les vingt dernières années de sa vie s'écoulèrent dans ces douces relations où la conformité des idées, des opinions et de la philosophie, avait si étroitement uni deux âmes sympathiques. — Mais de si paisibles affections ne devaient pas se renfermer dans cet étroit égoïsme de gens qui se suffisent à eux-mêmes. Tout ce qui vibrait au nom du patriotisme avait son écho dans le cœur des solitaires de Versailles, et les poésies de Mme Babois renferment quelques accents arrachés par la douleur nationale lors des deux invasions. Sa pièce de vers, « *Sur l'enlèvement des tableaux et des statues du Museum (1815)* » précéda même la *Messénienne* de Casimir Delavigne. Quand elle en eut connaissance, l'humble muse de Versailles dit : « Après « avoir admiré l'aigle planant au haut des airs, on peut se plaire en- « core à voir un moment l'hirondelle rasant la terre. »

Deux pièces de vers sont dédiées à M. Casimir Karpff : L'*Intimité* (1825), et l'*Amitié* (1827).

Dans la première, où s'exhale un suave parfum de printemps, la muse élégiaque, devant les tableaux rajeunis de la nature, s'arrête et dit :

« Ces trésors et ton bras, ami, c'est le bonheur.
« Suivons cette rive fleurie :

([1]) Avenue de Saint-Cloud, N° 1 — où Casimir est mort.

« Le jour s'abaisse ; un doux rayon
« Colore le bocage ; il meurt sur la prairie.
« L'ombre protègera l'amour dans ce vallon ;
« Du sentiment l'ombre est amie.
« Sous son voile paisible avec quel abandon
« L'amitié parle et se confie !
« Elle devient plus chère à notre âme attendrie ;
« On s'entend mieux, on marche avec plus de lenteur ;
« L'esprit se tait, tout sort du cœur. »

Après quelques soupirs arrachés par le retour de la pensée sur les événements politiques de l'époque, Mme Babois se rappelle tout ce qu'elle a aimé et perdu, ses parents et sa fille !.., elle termine ainsi :

« Et toi qui me soutiens, toi qui sais tout me rendre,
« O mon ami, j'irai t'attendre
« Auprès de ces êtres chéris
« Qu'ici-bas vainement ont rappelés mes cris.
« Tu me perdras bientôt ; mais dans un meilleur monde
« Dieu nous garde un plus beau destin.
« Contre cet avenir, qui n'aura plus de fin,
« En sophismes l'esprit abonde ;
« C'est en vain, par le cœur il n'est point écouté ;
« Ah ! le cœur a besoin de l'immortalité !
« L'amitié vient du ciel. Au sein de la lumière
« Doit régner sa constance et sa félicité.
« Oui, la nôtre du temps bravera la colère.
« Nos âmes, pour nourrir une flamme si chère,
« N'ont pas trop de l'éternité. »

Dans l'épître de l'*Amitié*, elle fait allusion aux vignettes de Casimir qui devaient orner la *troisième édition* de ses œuvres (1828).

« Que tes heureux crayons embellissent mes chants :
« Unissons à la fois notre âme et nos talents.
« On néglige souvent la gloire pour soi-même,
« Mais jamais pour l'objet qu'on aime. »

En citant ces éloquentes paroles de l'amie de Casimir, j'ai fait l'éloge le plus digne de sa mémoire. L'artiste méritait sans doute toute la considération qui honore le véritable talent ; mais l'homme capable d'inspirer des sentiments aussi profonds d'estime et d'attachement, devait posséder des qualités plus rares que le talent même, qualités que la Providence, par une justice impénétrable, accorde à ses privilégiés sans considération de naissance ou de fortune.

L'âge et la santé affaiblie de Mme Babois la trompèrent dans ses prévisions d'avenir. Casimir Karpff, qui avait dix ans de moins qu'elle, mourut le 24 mars 1829, et fut inhumé au cimetière du Père-Lachaise [1]. Sa digne amie voulant se rapprocher d'une tombe qui devait un jour être aussi la sienne, alla habiter Paris [2]. — En quittant Versailles, elle écrivait à son médecin, M. Gaudichon, membre de l'Institut :

« Je ne vous ai pas donné mon adresse, Monsieur, parce que je ne « me sentais pas la force de supporter votre présence. Ce que vous « avez vu, je le vois toujours, ce que j'ai entendu, je l'entends tou- « jours : *Ensemble !* m'a-t-il dit, et mon nom est sorti de sa bouche « avec son dernier soupir. Je l'ai reçu ce soupir et je vis encore..... « Oh ! plaignez mon supplice. Je m'efforce de retenir mon âme pour « éclairer sa mémoire, pour orner son tombeau, et puis je l'y suivrai ; « mais je ne souffrirai pas qu'on souille notre amitié !... *hé ! l'amitié « n'est-ce pas la vertu ?....*

« Adieu, Monsieur, le croirez-vous, je ne suis pas malade. Depuis « le moment où je vis clair sur mon sort, moment d'une terreur à « qui je ne puis rien comparer, sueurs, migraines, douleurs, tout a « disparu..... Je suis maigre, pâle, défaite ; mais je ne suis pas ma- « lade ! mon existence est, sous beaucoup de rapports purement « machinale. Je vais, je viens, je range, j'essuie par habitude, comme « une somnambule, et quand je me demande ce que je fais, il se « trouve que je n'en sais rien. Il y a des jours, où je ne puis rien « avaler, d'autres où je mange sans savoir ce que je mange, et alors « je mange trop.... Un mot, un regard, la vue d'une lettre me font « pleurer tant de larmes que je n'en puis plus ; c'est par là, je crois, « que s'en vont tous mes autres maux. Frère, nièces, amis, personne « n'ose m'écrire ; je l'ai défendu. On me parle de courage. Ah ! j'en « ai ; mais le courage n'est plus où n'est plus l'espérance ! »

---

(1) Il légua ses tableaux et ses portefeuilles à une nièce de Mme Babois à laquelle il avait enseigné le dessin.

(2) Rue de l'Ouest, 24. — Le dessin du monument funèbre, fait par Casimir pour une autre famille, fut trouvé dans ses papiers et servit de modèle pour celui qui devait réunir les deux amis.

En m'envoyant le portrait de Casimir, Mme Babois y avait ajouté comme souvenir un autographe de sa main, en disant : « En d'autres « temps je vous aurais fait des vers, mais aujourd'hui..... j'ai tout « oublié. » — En voici le texte :

« A M. L., ami de mon ami, pour son Album.

« Quel est ce sentiment qui, sans le secours d'aucune illusion, sans « aucune volupté terrestre, sait enchaîner irrévocablement deux âmes « l'une à l'autre ; ce sentiment plus généreux, moins absolu que l'a- « mour sans être moins puissant ; qui loin de nous isoler comme lui, « de concentrer entièrement notre existence en lui-même, semble « communiquer son charme aux autres liens de la vie, que pourtant « il laisse tous bien loin derrière lui ; ce sentiment qui dans le cœur « d'une femme sensible a tous les soins, toute la sollicitude, toute la « tendresse maternelle avec une correspondance bien plus étendue, « bien plus complète de toutes nos facultés morales qu'on ne peut « l'avoir avec un enfant ; ce sentiment rempli de douces joies, de « délices paisibles et purs, savourés tous les jours dans le sein du « repos et pourtant de la flamme. C'est une passion sans tourment « qui s'accroît de sa jouissance, que l'intimité rend toujours plus « chère et qui devient l'air qu'on respire. Ce sentiment c'est l'amitié « dans une âme pure, vive, tendre et passionnée. Il serait la béati- « tude s'il n'était souvent alarmé par une crainte vague qui vient dans « le silence des nuits et dans l'étonnement du réveil nous répéter ces « mots terribles : *Mourir l'un après l'autre;* ils tombent comme une « glace sur notre cœur épouvanté.

« O vous qui vivez d'un pareil sentiment, rendez grâce au ciel ; « mourez si vous l'avez perdu.

« VICTOIRE BABOIS.

« Paris, 29 juillet 1829. Quatre mois après la mort de mon ami. »

En revoyant cette noble femme, que je connaissais depuis 1812, elle avait encore, malgré son âge et les ravages de ses souffrances morales et physiques, les traits d'une physionomie régulière qui rappelaient sa beauté passée ; sa tristesse donnait à ses formes toujours gracieuses et affables une dignité sérieuse si pleine de résignation qu'on sentait auprès d'elle, tout le respect que le génie et la majesté du malheur inspirent, sans l'imposer.

Elle avait fait d'une chambre un sanctuaire uniquement destiné au souvenir de Casimir et renfermant tout ce qui lui avait appartenu :

portraits, médailles, couronnes, objets d'art, portefeuilles, livres, etc., etc.... le tout, orné de crèpes et d'immortelles: « Ici, « me dit-elle, je viens me recueillir en attendant que j'aille le « rejoindre! » — Elle s'occupait à rassembler tous les matériaux et tous les souvenirs biographiques pour écrire la vie de Casimir Karpff, afin de l'ajouter à une nouvelle édition de ses œuvres. — Qu'est devenu ce manuscrit, monument littéraire destiné à honorer la mémoire de notre compatriote?..... ce que deviennent tous les projets qui dépassent l'heure favorable à leur réalisation.

De nouveaux talents éclos depuis un demi-siècle dans les arts et dans la poésie, ont tour à tour apporté leur contingent au progrès et occupé l'attention du monde. L'intérêt pour ceux qui les ont précédés dans la carrière, malgré leur distinction et leur valeur réelle, se refroidit à la longue et le temps d'un coup d'aîle, efface souvent les traces que le plus beau mérite et les plus généreux sentiments laissent de leur passage ici-bas pour faire place aux intelligences de l'avenir.

La *Sapho des mères* avait atteint l'âge de 79 ans en survivant de dix ans à son ami; le 8 mars 1839 elle alla enfin le rejoindre. La veille de sa mort elle exprimait encore les inaltérables sentiments de cette amitié si profonde et si poétique par ces dernières paroles que son frère, M. Babois de Rouen, fit graver sur le monument des deux amis: » *Je n'ai plus le pouvoir de vivre, je garde celui d'aimer.* »

Bientôt, les derniers contemporains de notre bon Casimir auront eux-mêmes disparu, et le bruissement de l'air agitant des cyprès, fera seul entendre une voix plaintive autour d'une tombe où les restes mortels des deux amis reposeront éternellement.... ensemble.

H. LEBERT.

Colmar, Imprimerie et Lithographie de Camille Decker.

www.ingramcontent.com/pod-product-compliance
Lightning Source LLC
LaVergne TN
LVHW010311230826
846091LV00007B/3094
9782012392168